16 Jahre im Außendienst

Vertreter, Fluch oder Segen ?

Mario Naumann

Vorwort

Ich bin 1964 geboren und bis 1990 in den alten Ländern behütet aufgewachsen und wurde, mehr schlecht als recht, sozialistisch erzogen. Unsere beruflichen Vorstellungen unterschieden sich aber trotzdem kaum von den Traumvorstellungen der Kinder in den alten Bundesländern. Feuerwehrmann oder Astronaut stand im Westen genauso hoch im Kurs wie im Osten. Auch wenn der Astronaut in den neuen Ländern, sich Kosmonaut nannte. Im Erwachsenen alter änderte sich, für uns im Osten so ziemlich alles. Aus Flugzeugen wurden Flieger, aus Durchsichten wurden Inspektionen und plötzlich gab es Berufe, in denen man sich neu zurechtfinden musste. Wie Beispielsweise die Tätigkeit eines Vertreters oder Außendienstlers dazu gehörte. Diese Tätigkeit, denn ein Beruf war es ja eigentlich nicht, allenfalls eine Berufung, habe ich in Angriff genommen. Über diese 19 Jahre, möchte ich berichten. Es waren schöne Zeiten, aber auch harte Zeiten. Viel Spass !

Bevor ich selbst Außendienstler wurde, hatte ich auch eine völlig abwertende Meinung über die Zunft der Außendienstler. Ich sprach auch nicht vom Außendienstler, der da wieder einmal bei mir an der Haustür klingelte, unangemeldet und Versicherungen verkaufen wollte.

Wenn man es gut meinte, bezeichnete man diese oft lästigen Haustürverkäufer, als Vertreter. Durch schlechte Erfahrungen, bezeichnete man uns aber auch oft als Klinkenputzer, Schmierlappen oder wenn man besonders hartnäckig war, wurden wir schon mal als lästige Scheißhausfliege bezeichnet.

Ich bin in der DDR groß geworden, das heißt, ich war 25 Jahre alt, als die Mauer fiel. Vor dem Mauerfall kannten wir so gut wie keine Vertreter. Es gab einen Mann oder eine Frau, die angesehen war und soweit ich mich erinnern kann, ein oder zwei Mal im Jahr zu den Menschen nach Hause kam. Da wurde nicht gefeilscht wie heute, da ging es nur darum, ob ich mich versichern will, oder wegen fehlender finanzieller Mittel, mich nicht versichern kann. Wer kein

Risiko eingehen wollte und auch die nötigen finanziellen Mittel hatte, konnte bei dem Versicherungsbeauftragten gegen folgende Versicherungen abschließen.

Wer Eine Immobilie besaß, konnte sich gegen Hochwasser, Sturm und Hagel versichern lassen und wer eine Lebensversicherung abschließen wollte, konnte diese genau wie heute als Sparstrumpf nutzen. Kraftfahrzeuge wurden genau wie heute auch versichert. Allerdings auf einer völlig anderen Berechnungsgrundlage. Wollte man sich also versichern, kam der Onkel oder die Tante und hat die Verträge geschrieben, beziehungsweise, wer eine Versicherung hatte, wurden vor Ort die Prämien kassiert. Ich selber habe noch eine Versicherung, die damals bei der Staatlichen

Versicherung der DDR abgeschlossen wurde. Das ist die kombinierte Hausratversicherung, die damals eine Privathaftpflichtversicherung miteingeschlossen hat. Die Allianz hat den Großteil der Verträge übernommen und somit läuft der Vertrag heute noch. Die Allianz hat zwar mehrmals versucht ihre Vertreter in die Spur zu schicken, um meinen angeblich schlechten alten DDR-Vertrag umzuwandeln, aber ich konnte bis jetzt den Verlockungen der Allianz wiederstehen, denn so günstig bekomme ich nie wieder solch eine Privathaftpflicht und Hausratversicherung zusammen.

Die Angestellten Damen und Herren der staatlichen Versicherung der DDR, waren nach der Wende eigentlich die ersten Vertreter, denn sie wurden von der

Allianz zum Großteil übernommen, haben sich eine Krawatte umgebunden und haben dann ihre Kunden im Namen der Allianz aufgesucht und alles erst einmal in Frage gestellt um neue Verträge für die Allianz zu verkaufen. Logisch, hätte ich auch gemacht. Einige, aus meinem direkten Umfeld, haben sich vernünftig verhalten, das heißt, sie sind der liebe Onkel oder Tante geblieben und haben sich mit ihrem guten Ruf, bis in die wohlverdiente Rente retten können. Aus der Sicht der Versicherungskonzerne, gab es mit größter Sicherheit erfolgreichere Mitarbeiter, als die übernommenen DDR Vertreter, aber das waren dann auch die, die für den schlechten Ruf, verantwortlich waren. Meist kamen die sogenannten Glücksritter aus dem gebrauchten Bundesgebiet. Ich habe in dieser Zeit geglaubt, die ganze Wende ist so etwas ähnliches wie ein Bumerang, denn Hunderttausende sind in die alten Länder arbeiten gegangen, aber genauso viele sind auch zu uns gekommen und haben die neuen Länder wie durch einen Schwarm lästiger Heuschrecken besetzt. Durch die Glücksritter und Heuschrecken, ist also dieses Schreckensbild von Vertreter beziehungsweise, des Außendienstlers entstanden. Ich will aber nicht ausschließen, dass einige ostdeutsche Vertreter auch zu einer Heuschrecke mutiert sind, ganz einfach um im Versicherten Haifischbecken seinen Allerwertesten zu retten. Aus meiner Sicht, war das schlimmste an dieser Invasion, dass viele nur das schnelle Geld gemacht haben und als der Kuchen verteilt war und es an die Verteidigung der Kuchenstücke ging, dann die folgende harte Arbeit scheuten und wieder zurück gekrochen sind, aus den Löchern sie gekommen waren. Geblieben sind im Osten die, die ehrlich und fair mit ihren Kunden umgegangen sind.

Das Leben bestand aber nicht nur aus Vertretern der Versicherungsbranche. Ich habe 1989 noch in der Gastronomie als Restaurantfachmann gearbeitet. Ich glaube es war drei Tage nach dem die Mauer gefallen war, als der erste Vertreter einer niedersächsischen Brauerei, mit seinem bunt dekorierten VW Passat vor dem Restaurant hielt und glaubte, uns mit Kugelschreiber und Kellner Blöcken bestechen zu können. Dabei hatten wir überhaupt keinen Einfluss auf den Biereinkauf.

Genommen haben wir die praktischen kleinen Geschenke, aber trotzdem. Nach ein paar Wochen folgten alle anderen Lieferanten der Getränkeindustrie und schickten ihre Außendienstler zum fröhlichen Kunden fangen. Viele waren neu in der Branche, was daran zu sehen war, dass sie sehr schüchtern agierten. Es schien sogar so, dass sie froh waren, dass der Chef nicht da war und sie dann nur ihre Sticker, Kataloge sowie diverse Werbemittel verteilen und verschenken brauchten. Die Profis, sind auch nicht durch den Restauranteingang gekommen, sondern sind hinten durch den Lieferanteneingang, direkt in das Büro zum Chef gegangen und haben auch nur Werbemittel verteilt, wenn sie einen Deal machen konnten. Das sah dann am

Beispiel vom amerikanischen Getränke Dino so aus, dass wir nachdem der Chef vereinbart hatte die Cola und Brause ins Programm zu nehmen, mit bunten Tabletts, Fahnen, Scheibenaufkleber und auch mit Kugelschreiber und Blöcken bedacht wurden. Der Vertreter vom Roten Getränkeriesen kam zwar fürchterlich arrogant rüber, aber er imponierte mir dahingehend, dass ich mir durchaus vorstellen konnte, auch in einem großen Auto zu sitzen, jeden Tag meine Kunden zu beglücken und ein paar Kugelschreiber zu verteilen. Die ganze Sache erhärtete sich noch, als mein Vater, der in der DDR im Großhandel für Waren des täglichen Bedarfs arbeitete und kurz nach der Wende zum Zigarettenkonzern Camel wechselte. Er bekam ein ordentliches Gehalt, einen blau gelben großen Ford und bereiste dann sein Verkaufsgebiet. Das wollte ich auch. Das Leben sollte es erst einmal anders mit mir meinen, denn bis 1994 arbeitet ich als gelernter Restaurantfachmann in einem gut gehenden Hotel-Restaurant in der Nähe von Rostock, an der Ostsee.

Meine Aufgaben waren, das decken und dekorieren der Tische, das begrüßen der Gäste, Empfehlungen für die Speise- und Getränkeauswahl geben und Bestellungen entgegen zu nehmen. Außerdem gehörte das servieren von Speisen und Getränke dazu. Natürlich durften wir auch die Rechnung erstellen und am Kunden kassieren. In dem Hotel-Restaurant, durften wir auch am Tisch, frische Rinderfiletspitzen mit Champignons und Beilage nach Wunsch zubereiten. Das dienen, wie viele auch sagen, machte mir riesigen Spaß. Es entwickelten sich fast schon freundschaftliche Beziehungen, weil die Geschäftsleute aus der Gegend sich auf eine gute Küche verlassen konnten und wir einen diskreten Service bieten konnten. Deshalb kann ich gar nicht alle nennen, die bei uns, von den sogenannten VIP Gästen, zu Gast waren.

Leider kam es mit der Geschäftsführung zum Streit und ich wurde arbeitslos, oder wie man ja sagen muss, ich war dann arbeitssuchend, und das auch ziemlich lange, denn ich habe sogar diese Zeit mit Taxifahren überbrücken müssen. Das machte auch Spaß, aber für die Zukunft war das auch nichts Richtiges. Ich grübelte jeden Tag, beim Taxi fahren hatte ich ja genug Zeit, darüber, wie ich mein Leben in Zukunft gestalten kann. Ich wollte immer noch in den Außendienst. In den großen örtlichen Tageszeitungen, standen genug Annoncen drin, wo Außendienstler, Vertreter und Vertriebsmitarbeiter gesucht werden. Ich habe mich auch beworben, kam manchmal auch zum ersten Gespräch, aber zum Schluss haben sich die Firmen dann doch für jemand anderes entschieden. Viele, oder man kann schon sagen, fast alle Bewerbungen müssen so gut gewesen sein, dass die Firmen sie alle behalten haben. Und wenn mal eine Bewerbung zurückkam, war sie mit Marmelade bekleckert oder so unbenutzt, das man sehen konnte, sie hat nicht mal einer gelesen.

Die Zeit verging wie im Fluge, ich musste mir etwas einfallen lassen. Ich war ja nicht allein, ich war verheiratet und somit hatte ich auch eine Verantwortung meiner Frau gegenüber.

Ich bin fast verzweifelt, denn ich glaubte ich mache etwas falsch. Habe dann viel gelesen und erst einmal gecheckt ob es den Beruf Außendienstler beziehungsweise Vertreter oder Vertriebsmitarbeiter überhaupt gibt und ob man ihn erlernen kann. In Frage würde dann eine staatlich geförderte Umschulung kommen. Ich habe dann gelesen, man könnte eine Umschulung, beziehungsweise eine Ausbildung zum Groß – und Außenhandelskaufmann machen. Aber dann würde immer noch ganz spezielles Fachwissen fehlen, um Versicherungen, Befestigungstechnik oder gar Sportschuhe zu verkaufen. Von ganz speziellen Fachgebieten, wie die Pharmavertreter es haben müssen mal ganz abgesehen. Die nächste Frage stellt sich einem, wenn man die Zielrichtung Außendienst für sich festgelegt hat, möchte ich ein kleiner Vertriebsmitarbeiter im Angestelltenverhältnis sein, oder möchte ich als Reisender oder freier Handelsvertreter für ein Unternehmen arbeiten und meine eigene Firma gründen. Bei einer

Anstellung als Angestellter im Außendienst zahlt der Arbeitgeber Sozialversicherungsbeiträge, in der Regel Lohn und eine Provision für geleisteten Umsatz. Zusätzlich wird oft ein Dienstwagen mit privater Nutzung angeboten. Bei einer Vertraglichen Bindung mit einem Unternehmen als freier Handelsvertreter, trägt man ein alleiniges Risiko, denn einer Provision, die zwar höher ist, als im Angestelltenverhältnis, stehen immer Kosten entgegen, die man alleine tragen muss. Wie da wären, Kosten durch eine privat zu zahlende Krankenkasse, Fixkosten für eigenen PKW und private Rückstellungen für Rente usw.

Wenn man so viel Bewerbungen geschrieben hat wie ich damals, hat man beim Lesen der Annoncen schon das erste mal gesiebt. Anfangs habe ich natürlich noch ein Angestelltenverhältnis mit Dienstwagen gesucht. Die Firmen, die in ihren Annoncen mit einer eventuellen späteren Übernahme eines Dienstwagens geworben haben, oder wo drinstand, dass sie ein geringes Fixum zahlen und gar nichts von einem Pkw erwähnt haben, fielen gleich erst einmal raus, denn die Erfahrung zeigte ganz schnell, dass es professionelle Umschreibungen für eine selbstständige Tätigkeit als Handelsvertreter waren.

Je länger ich aber suchte, zeigten mir immer mehr die Erfahrungen, das egal in welcher Branche ich mich beworben habe, ich keine langjährige Berufserfahrung vorweisen konnte und ich auch schon über zwanzig Jahre alt war und somit keine Chance hatte. Zu guter Letzt habe ich das gemacht, was in meiner Situation in dieser Zeit, im Osten, so viele gemacht haben. Ich habe mich bei einem Versicherungsunternehmen beworben. Ich wurde auch eingeladen, musste einen Test machen und wurde genommen. Der Test war ein Besuch in einem improvisierten Assessment Center in den Räumlichkeiten des Unternehmens in Rostock. Wie alle personellen Auswahlverfahren hat auch das Assessment Center nur eine Funktion. Im Vordergrund steht die Prüfung einer Auswahl von fachlichen und sozialen Kompetenzen. Dabei wird auch die Stressresistenz, durch künstlich erzeugten Stress beobachtet.

Nach dem ich das geschafft hatte bekam ich einen Vertrag als selbstständiger

Versicherungsvertreter. Ich hatte eine Einarbeitungszeit von einem halben Jahr, bekam ein anfänglich hohes Fixum, welches sich nach dem halben Jahr Schritt für Schritt abgebaut hat. Also bis dahin hatte man Zeit um sich für seine Klientel fit zu machen. Es war Frühling als ich bei der Anudi-Avon-Versicherung begonnen hatte. Die ersten Tage durfte ich mit einem erfahrenen Mitarbeiter zusammen die Kunden besuchen. Die allerdings davon nichts wussten, denn er hatte die Aufgabe mit mir Kaltakquise zu machen. Das war genau das, was ich selber nicht mochte. Ich habe mir dann ansehen dürfen, wie er sich eine Abfuhr nach der anderen abholte. Um seinen Tag zu retten, hatte der Kollege einen Termin, mit einem seiner besten Kunden gemacht. Das war eine Tischlerei, bei der er

bloß noch die Verträge für seine Gebäudeversicherung,
unterschrieben abgeholt hatte. Da der Chef der Tischlerei und mein Kollege, wie man sehen konnte, sich sehr gut kannten, war es nicht schwer zu glauben, die ganze Sache war irgendwie inszeniert. Wie auch immer, es hat mir trotzdem Spaß gemacht. Das einzige, was mich störte, war mein Anzug und die elende Krawatte. Das Spiel machten wir dann die nächsten drei Tage. Am Freitag trafen sich immer alle Versicherungsvertreter der Direktion Rostock um die Woche auszuwerten. Da musste man die Hosen herunterlassen. Oberflächlich gesehen, waren alle gut gelaunt, machten kleine Späßchen, aber wenn sie ihre Zahlen präsentieren mussten, schlackerten dann doch die Knie.

Sechs Wochen später, sollte es mir nicht anders ergehen. Ich werde auch das dumme Grinsen, des einen Innendienstlers nicht vergessen, der damit seine arrogante Überheblichkeit zum Ausdruck brachte.

Nach der ersten Woche durfte ich auf Kosten der Versicherung, nach Soltau- Fallingbostel reisen und mich im Versicherungseigenen Schulungszentrum weiterbilden. Das Schulungszentrum war schön gelegen, es lud eher dazu ein, Urlaub zu machen, denn es lag mitten im Wald. Das Hauptgebäude hatte eine riesige Empfangshalle mit Restaurant und bar. Selbst die Zimmer hatten das Niveau eines vier Sterne Hotels. Wir waren aber da hingekommen um etwas zu lernen, beziehungsweise wurde dort im Schulungszentrum

erst einmal geklärt, welche Klientel
ich demnächst besuchen darf.

Geschult wurden
Verkaufstechniken, sicheres
Auftreten und Wege zu einem
besseren Selbstbewusstsein. Ich
konnte damals wirklich von dieser

Ausbildung profitieren. Ich habe auch vieles mitgenommen, was ich später in meiner beruflichen Zukunft, nutzen konnte. Wenn ich das damals Freunden oder Bekannten erzählt habe, wurde ich oft ausgelacht. Ausgelacht habe ich aber die arroganten selbstherrlichen und sich selbst überschätzenden Anfänger aus den alten Ländern. Wenn es nämlich an die Übungen ging, die mit einer Videokamera aufgenommen wurden, sind sie gescheitert. Da standen sie nun, die Boys aus der Pit Stopp Werbung mit ihren geborgten Armani Anzügen, die sich am Abend, nach der Ausbildung, nicht mal ein Bier leisten konnten. Mir machte das seltsame Spiel mit der Kamera nichts aus. Vielleicht lag es auch an meiner früheren Zeit als Amateurmusiker, denn da musste ich mich auch auf Bühnen präsentieren. Viele von denen waren bei der zweiten Schulungswoche schon gar nicht mehr dabei. Ich weiß bis heute nicht warum gerade die Leute aus den neuen Bundesländern die ersten Wochen überstanden haben. Wir haben uns oft bei einem Glas Rotwein am Abend darüber unterhalten, sind aber auf keinen gemeinsamen Nenner gekommen.

Meine Hauptaufgabe bei der ANUDI/Avon Versicherung sollte werden, Handwerksbetriebe zu besuchen, um sie von unserem Handwerker-Versorgungswerk zu überzeugen.

Versorgungswerke waren Soziale Einrichtungen des örtlichen Handwerks, die jeweils mit den Innungen zusammenarbeiteten.

Ihre Aufgabe war, Arbeitgebern und Arbeitnehmern der Betriebe günstige Absicherungen zu verschaffen.

Durch dieses Versorgungswerk, hatten die Kunden bessere Konditionen. Als mein Gebiet und die Kunden, die ich besuchen sollte, feststanden, durfte ich alleine losfahren. Mein Gebiet war Ribnitz-Damgarten, die Darßer Halbinsel bis Sanitz, Tessin und Richtenberg.

Ich habe mich dann am Wochenende hingesetzt, habe mir das Branchenbuch genommen, habe mir zuerst die Tischlereien, Fensterbaufirmen und Zimmerei Betriebe ausgedruckt und bin sie dann kontinuierlich abgefahren. Ich hatte natürlich noch keinerlei Erfahrung, was das Antreffen der Leute betraf. Zuerst dachte ich, fährst früh los, da triffst du noch jemand an, das stellte sich aber als nicht so günstig heraus, denn ich habe die Chefs zwar angetroffen, aber die hatten mit der Arbeitsvorbereitung und mit dem Einteilen der Mitarbeiter zu tun. Ich war da alles andere als Willkommen. Als Gegenreaktion kam dann sehr oft der Hinweis, ich möchte doch bitte einen Termin machen. Ich habe dann ziemlich schnell begriffen, dass sich die Tür zum Chef nur öffnete, wenn man vorher die Frau vom Chef, nicht übergangen hat. Kleine Geschenke erzielten oft Wunder, waren es auch oft nur ein Kugelschreiber oder Minitaschenrechner. Generell musste man mindestens fünf Mal den Kunden besuchen und bahnte sich eine Vertragsunterzeichnung an, dann war die beste Zeit dafür, ab 14:30 Uhr. Natürlich mit von

mir frischen mitgebrachten Kuchen
vom Bäcker.

Ich hatte sogar Erfolg, denn ich
schrieb in kurzer Zeit einige gute
Verträge, die auch nicht wieder
storniert wurden. Ich weiß noch,
der erste Vertrag, war eine
Lebensversicherung für einen
Tischler in Ribnitz-Damgarten, mit
einer damals garantierten
Auszahlungssumme, Im

Erlebensfall, von über 100.000 DM. Bei einigen von den schon ins Alter gekommenen Außendienst-Kollegen, die sich schon auf die Rente vorbereitet haben, kam das nicht so gut an, was sich darin äußerte, dass man mich freundlichst bat, etwas die Zügel anzuziehen. An den Freitagen, wenn die Zahlen am Flipp Chart standen, da sah eine mickrige 15.000 gegen 100.000 doch sehr bescheiden aus. Der Gebietsleiter nutzte dann meine Zahlen, um gegen die „Alten" Mitarbeiter, Druck auszuüben. Er verwies dabei auf meine Zahlen und wartete dann auf eine Erklärung. Die etablierten Vertreter stammelten jetzt irgendetwas lang hin, denn das sie zu faul waren, oder weniger Glück hatten, wollte der Chef nicht hören.

Obgleich ich Erfolg hatte, habe ich meinen Vertrag mit der ANUDI/AVON wieder gekündigt. Man wollte mich behalten, sogar der Norddeutschland Chef der ANUDI saß bei mir zu Haus auf der Couch und redete auf mich und meine Frau vehement ein, ich möge doch bleiben. Er zeichnete mir hervorragende Karrieremöglichkeiten auf, aber alle noch so schöne Überredenskünste halfen nicht, denn ich blieb bei meinem Entschluss. Ich wollte was verkaufen, was ich in die Hand nehmen konnte. So wie mein Vater, der immer noch bei Camel Vertreter war und Zigaretten verkaufte. Das war die offizielle Version. Ich glaube, ich wollte damals wechseln, weil die Versicherungsbranche einen sehr schlechten Ruf hatte. Oder! Aus heutiger Sicht, 20 Jahre später sehe ich das so:

Was die genauen Gründe waren kann man so detailliert gar nicht sagen. Ich denke mal es waren mehrere Gründe, die mich bewogen haben, die Fahnen zu wechseln. Natürlich spielte der schlechte Ruf eine große Rolle bei der Kündigung. Es war so schlimm, dass ich damals meinen weit weg wohnenden Freunden und meinen entfernten Bekannten, gar nicht erzählt habe, was ich beruflich machte. Dann war da die Selbstständigkeit, die mir quer im Magen lag, denn meine Frau hatte zu der Zeit auch keinen festen Job, Miete musste gezahlt werden, Klamotten zum Anziehen brauchten wir und was zu Essen wollten wir auch auf den Tisch stellen. Man muss auch wissen, dass die selbstständige Tätigkeit für uns im Osten etwas völlig Neues war. Selber ein unternehmerisches Risiko einzugehen, war mit unserer oft noch sozialistischen Denkweise, nur schlecht zu vereinbaren. Und machen wir uns nichts vor, einem Mitarbeiter nur einen Vertrag als selbstständigen Handelsvertreter anzubieten, bedeutete nichts anderes als Kosten sparen. Der Außendienstler ist ein Mitarbeiter der Geld kostet. Der Vertrieb ist ein teurer Posten in der gesamten

Kalkulation. Das Risiko trägt der Mitarbeiter ganz allein, auch bei Krankheit. Es gab so viel Fragen, die während meiner Selbstständigkeit unbeantwortet blieben. Auch die Tatsache, dass es eine Scheinselbständigkeit war, wurde nie ganz geklärt. Grundsätzlich liegt eine Scheinselbständigkeit vor, wenn eine erwerbstätige Person als selbständiger Unternehmer auftritt, obwohl sie von der Art ihrer Tätigkeit her zu den Arbeitnehmern gehört.

Das ich gern was in der Hand halten wollte, das stimmte schon. Ich hatte so manches mal meine Probleme, meinem gegenüber etwas zu erklären, was man nicht sieht. OK, wir haben auch gelernt, unserem Gegenüber so zu befragen, dass er am Schluss nur noch unterschreiben wollte. Ja, in der Theorie funktionierte das, aber in der Praxis? Suggestiv-Fragen war das Zauberwort, welches mich in meinen 19 Jahren Außendienst noch mehrmals begegnen sollte. Ja und dann war da noch der immer schwelende Vater Sohn Konflikt. Ich wollte ihm zeigen, dass ich auch was kann, weil ich immer das Gefühl hatte, seinen Ansprüchen nicht gerecht werden zu können.

Ich hatte mich während der ANUDI-Zeit weiter beworben, und ein einziger war an der Angel hängen geblieben. Es war eine große Gewürzwarenfabrik aus Norddeutschland, für die ich ab Ende 1995 in Mecklenburg-Vorpommern unterwegs war. Diese

Gewürzwarenfabrik kannte eigentlich jeder. Die großen Gewürz-Ketchupflaschen standen in den meisten Imbiss-Buden und waren bei der Herstellung und beim Anrichten einer Currywurst unabkömmlich.

Meine Aufgabe war es, die Kunden aus der Gastronomie, aus der Hotellerie, sowie die Großküchen von unserem umfangreichen Sortiment an Rohgewürzen, Mischgewürzen und Fertigprodukten wie Ketchup, Vanillezucker oder Grillsaucen zu begeistern. Eingearbeitet wurde ich in Berlin. Ich wohnte in dieser Zeit in einem Hotel. Das Hotel war genau am Adlergestell, in Höhe der Berliner Brauereien. Fenster aufmachen war nicht. Ich glaube die hatten Angst das ich vor Lärm nicht schlafen oder sie hatten Angst, dass ich eine Kohlen-

Monoxid-Vergiftung bekomme. Ein schon jahre lang als selbsständiger Handelsvertreter arbeitende Kollege holte mich ab, und wir besuchten zusammen seine Kunden.Um die Scheinselbsständigkeit zu umgehen, arbeitete er noch für eine Süddeutsche Weinhandels GmbH, aber nur pro forma, denn er und Freunde, sowie seine Familie, orderten den Wein zum Hausverbrauch über ihn. So kann man das Problem auch lösen. Aber was mache ich, denn ich, meine Frau und Freunde, trinken keinen Wein.

Es war eine schöne Zeit, denn mein Kollege und ich schwammen auf einer Wellenlänge. Er war aus Ostberlin, spielte auch Gitarre und auch die politischen Ansichten gingen mit meinen Konform.

Am Interessantesten waren die Besuche bei diversen Dönerspießproduzenten, von denen es in Berlin mehrere gab. Das waren zum größten Teil Türkische Firmen. In denen ging es zu wie in einem Rüstungsbetrieb oder einem Diamantenhandel. Sie einte alle die Tatsache, ein großes Geheimnis um das Mischgewürz, welches dem Dönerspieß in der Produktion zugegeben wurde, zu machen. Diese Mischgewürze wurden in geheimen Laboren meines Arbeitgebers, mit dem Kunden zusammen entwickelt. Das Rezept wurde dann für den jeweiligen Kunden wie ein Augapfel gehütet. Demzufolge, ging es bei den besuchen, nicht um das Mischgewürz, sondern nur noch um die zu bestellende Menge. Dort gab es auch die lockersten Kundenbesuche, ein Türkischer Tee, beispielsweise war immer drin.

Übrigens, in den Produktionsräumen der Dönerspießproduzenten, war es so sauber, dort konnte man vom Fußboden essen. Ebenso war das auch bei meinem Arbeitgeber, der Gewürzwarenfabrik aus Hamburg der Fall.

Es kam die Zeit wo ich meine Kunden besuchen sollte. Mein festgelegtes Verkaufsgebiet war Meck-Pomm und da ganz besonders die aufstrebende Ostseeküste. In dieser Zeit entwickelte sich der Tourismus noch, Hotels wurden aus und neu gebaut, und davon wollte man ein Stück Kuchen abhaben.

Es war wirklich eine ganz tolle Firma. Ich hatte ein Musterkoffer mit allen Misch und Rohgewürzen die wir im Programm hatten und besuchte Schritt für Schritt, die bestehenden und die Neukunden in meinem Gebiet. Anfangs lief es auch ganz gut, bis ich gemerkt hatte, dass der damalige Verkaufsleiter mich übers Ohr gehauen hat. Er hat die Topkunden aus meinem Gebiet, über seinen Namen laufen lassen. Damit war ich nicht einverstanden, weil es im Vertrag ganz anders geregelt war und ich durch meine Selbstständigkeit auf jeden Pfennig angewiesen war. Es kam zu einem Bruch.

Meine Angel hatte ich immer noch ausgeworfen, und so habe ich die Gewürzwarenfabrik wieder verlassen.

Vielleicht hätte ich den Kampf gegen diese Ungerechtigkeit fortsetzen sollen, denn diese Firma hat mir gefallen. Mit den Produkten, konnte ich mich identifizieren und auch mein Gebiet hatte großes Potenzial, was die Zukunft betraf. Nur, dass es wieder eine Selbstständigkeit war.

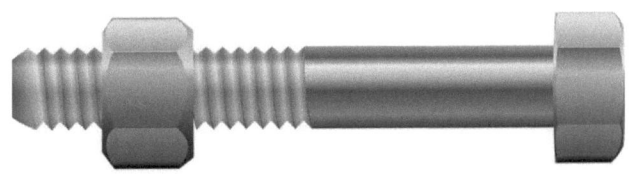

Noch im Herbst 1996 hatte ich in Rostock ein Vorstellungsgespräch. Die WERNER GmbH aus Schwaben, suchte einen Mitarbeiter für den Direktvertrieb von Befestigungstechnik und DIN-Normteile im Gebiet Rostock Ost sowie Ribnitz- Dammgarten, Güstrow und Teterow..

Wieder etwas Neue, von dem ich noch nie etwas gehört habe.

Direktvertrieb, was war das?:

>>Wikipedia<<Beim Direktvertrieb erfolgt der Verkauf von Produkten oder Dienstleistungen direkt vom Unternehmen an den Endverbraucher ohne irgendwelche Zwischenhändler.

Der Direktverkauf, bei dem ein Vertreter des Anbieters seine Kunden in dessen Räumen besucht, um dort eine Produktpräsentation durchzuführen, wird vor allem bei Produkten oder Leistungen praktiziert, bei denen ein hoher Erklärungs- oder Beratungsbedarf besteht, zum Beispiel bei technischen Geräten <<Wikipedia>>

Eine Anzeige in der örtlichen Presse sah ungefähr so aus.

WERNER Befestigungstechnik GmbH & Co. KG

Fachberater (m/w) im Außendienst Bereich Schreinerei, Tischlerei, Fensterbau

Ihnen ist der Direktvertrieb nicht fremd. Sie haben Erfahrung im Handwerk und wollen sich im Vertrieb / Außendienst weiterentwickeln? Beginnen Sie bei **WERNER**. Sie sind in der unten genannten Region für Akquise, Kundenpflege, Verkauf, Beratung und Service verantwortlich und profitieren nicht nur von flachen Hierarchien, sondern auch von der Unterstützung Ihrer Kollegen und Kolleginnen in Ihrer Region. Planen sie Ihre Verkaufs-Touren bequem von zu Hause aus und teilen sie sich Ihre Arbeitszeit frei ein. Sie in Ihren neuen Job im **Großraum Güstrow, Teterow, Rostock-Ost**

- Was Sie draufhaben sollten

-
- Eigenständige Betreuung und kontinu-
  ierlicher Ausbau eines bestehenden
  Kundenstamms nach erstklassiger
  Einarbeitung
- Gewinnung von Neukunden durch deren Begeisterung für unsere hochwertigen Produkte und Serviceleistungen
- Moderne Vertriebstechnologie zu Ihrer
  bestmöglichen Unterstützung (z. B.
  Smartphone, CRM-System)
- Regelmäßige Teamveranstaltungen in
  Ihrer Region und Schulungen, auch
  zur Stärkung Ihres internen Netz-
  werks
- Stetige Unterstützung durch Ihre Füh-
  rungskraft und unseren Vertriebsin-
  nendienst - alle nur einen Anruf ent-
  fernt

Was Sie können sollten

- Fundierte handwerkliche oder kauf-
  männische Ausbildung
- Vertriebserfahrung von Vorteil
- Kommunikationsstärke, Offenheit und
  Interesse an unseren Kunden und
  Produkten
- Überzeugungskraft und Verhand-
  lungsgeschick

- Gesunder Ehrgeiz und Hartnäckigkeit zur Erreichung vorgegebener und selbst gesteckter Ziele

Was sie von uns bekommen.

Die Werte und Nachhaltigkeit eines Familienunternehmens. Gleichzeitig stellen wir uns heute für die Zukunft auf: Kundenzufriedenheit und Digitalisierung stehen dabei für uns stark im Vordergrund. Werden Sie Teil dieses einzigartigen Wandlungsprozesses und ebnen Sie mit Ihrer erfolgreichen Arbeit die Grundlage für Ihre und unsere Weiterentwicklung. Neben einem kollegialen Umfeld bieten wir Ihnen: einen Firmenwagen (auch zur privaten Nutzung), einen unbefristeten Arbeitsvertrag, betriebliche Altersvorsorge und vermögenswirksame Leistungen, Personalkaufrabatt, ein professionelles Trainingscenter, vielfältige Karrieremöglichkeiten im Vertrieb und eine moderne digitale Ausstattung

Wir trafen uns in einem Hotel. Meine Bewerbung war gut angekommen und man lud mich zum finalen Gespräch. Ich hatte nach dem Gespräch gleich ein gutes Gefühl das es hervorragend gelaufen war. Den Abgeordneten von WERNER muss es aber auch gefallen haben, denn ich wurde zum 1. Februar 1997 eingestellt.

Wer war diese Vertriebsfirma, die im Schwäbischen ansässig war.

Die WERNER Deutschland GmbH, mit Sitz in Süddeutschland, gehört als deutsche Tochtergesellschaft zu dem international agierenden WERNER Konzern. Der WERNER Konzern, ist eines der führenden Handelsunternehmen von Verbrauchsmaterialien, Werkzeugen, Zubehör und Services für den Profianwender. Tätigkeitsbereiche waren die Bau- und Kfz-Branche sowie die Industrie.

Europaweit sorgten im Jahr 1996 rund 4.000 Mitarbeiterinnen und Mitarbeiter, davon rund 2.800 im Außendienst, für einen perfekten Rundum-Service.

Jetzt gehörte ich also dazu. Ich war jetzt einer von den 2800 Vertreter die jeden Tag voll motiviert und mit vollem Einsatz die Ziele der WERNER GmbH erreichen wollten. Bevor es in die Schlacht ging, wurden wir Ausgebildet. Die Ausbildung belief sich über einen Zeitraum, von einem ein halben Jahr. Wer das überstanden hatte war eigentlich erst ein richtiges Mitglied der WERNER GmbH, denn solange wie die Ausbildung dauerte, so lang dauerte auch die Probezeit. Mit mir begannen ca. 20 andere ihre Tätigkeit. Nach der Ausbildung waren wir auf die Hälfte geschrumpft.

Am Vortag des Arbeitsbeginns bin ich mit dem Zug angereist und habe mich in dem vorbestellten Zimmer eines nahe gelegenen Hotels eingerichtet. Ich verspürte noch Hunger, und ging nach dem Koffer auspacken noch einmal in das Hotel Restaurant. Dort saßen bereits andere Frischlinge, die auch gekommen waren um ihre Karriere bei WERNER zu beginnen. Wir fanden schnell einen Draht zueinander, tauschten Erfahrungen, Vorurteile und dummes Geschwätz aus, tranken reichlich Dornfelder Rotwein und waren am Ende des Abends so betrunken, das wir zusammen um 24:00 das Deutschlandlied sangen, welches damals noch um Mitternacht im Radio lief Am nächsten Morgen gingen wir dann geschniegelt und gebügelt, aber mit Kopfschmerzen zu Fuß vom Hotel in die WERNER Firmenzentrale. Wir hingen alle in den Seilen, und irgendwie hatten wir auch ein schlechtes Gefühl was den letzten Abend anging. Es kam von der Firmenleitung auch eine kleine Spitze, denn der Ausbildungsleiter erwähnte, er habe gehört, wir hätten uns schon gut eingelebt und die Vorzüge des schwäbischen Weines schon kennen gelernt haben. Wir haben an den folgenden Abenden trotzdem den hervorragenden Wein weiter verkostet, aber haben uns darauf geeinigt das Deutschlandlied nicht mehr zu singen.

Am ersten Freitag, der ersten Ausbildungswoche, die in Künzelsau abgehalten wurde, hatten wir einen wichtigen Termin. Die Schulung war am Freitag gegen 12: 00 Uhr beendet, danach ging es zu dem Teil, auf den die meisten schon die ganze Woche gewartet haben. Jetzt ging es an die Verteilung der Dienstwagen. Wir bekamen alle einen weißen Opel-Astra der ersten Generation. Ich hatte Glück und bekam einen neuen Opel, andere bekamen einen gebrauchten Wagen der von den Mitarbeitern wieder abgegeben wurde, die es nicht schafften die Zielvorgabe der WERNER GmbH zu erreichen, und nach der Kündigung mit dem Zug nach Hause fahren mussten.

Die Fahrzeuge wurden verteilt und dann ging es auf den knapp 700km langen Heimweg nach Hause. Ich fühlte mich gut, war irgendwie stolz, und zwar so stolz, dass ich nicht schlafen konnte, und mehrmals zum Fenster ging um mir Nachts den Opel anzuschauen.

Wir wurden in so genannte Divisionen eingeteilt. Es gab Kfz, Stein und eine Metalldivision. Kfz ist ja klar, aber zur Stein Division gehörten: Baubetriebe, Tief und Straßenbau, Zimmerer, Holz und Fensterbaubetriebe. Zu Metall gehörten: Gas, Wasser, Elektro-, Hallenbau und Metallbaubetriebe. Ich durfte die Steinkunden besuchen. Bei WERNER legte man großen Wert darauf, keine so genannten „Null-Tage" zu haben. Das waren die Tage, an denen man keinen Umsatz gemacht hat. Was zwar manchmal vor kam, allerdings durch einen simplen Trick, praktisch nie auf dem täglichen Bericht eingetragen werden musste. Die Tagesberichte und die täglichen Aufträge mussten wir damals in unseren schwarz-weiß Laptop eintragen und dann per DFÜ in die Firma senden. Wir haben dann einfach einen Auftrag mit zum nächsten Tag, rüber gerettet, wie wir sagten. Wir waren morgens schon motiviert, weil wir keinen „Null-Tag" hatten und mein Chef, brauchte sich bei seinem Chef nicht zu rechtfertigen, was mit uns los ist. Ich will ein paar kleine, wichtige, traurige, aber auch lustige Geschichten aus der WERNER Zeit erzählen.

Alle Jahre wieder wurden alle Außendienstmitarbeiter in große Hotels eingeladen. Dieses Mal war die Jahresversammlung im „Estrel" Berlin. An dem Tag der Anreise, herrschte im Hotel der Ausnahmezustand, denn die Back-Street-Boys, zogen es auch vor im

Estrel zu nächtigen und auch hier zu speisen. Es war in der Lobby extrem laut, weil die zweibeinigen Zahnspangen draußen vor dem Einlassportal jedes Mal kreischten und johlten, wenn nur die Tür aufging. Unsere Veranstaltung, fand im großen Saal statt. Zuerst hielt jeder, der sich für wichtig hielt, eine Rede. Der Verkaufsleiter präsentierte die Zahlen und verkündete die erste Umsatzmilliarde, damals noch in DM.

Der Saal tobte, alle standen auf und bejubelten sich selber, und ich mittendrin und dabei. Anschließend wurde stundenlang ausgezeichnet. Ich durfte auch auf die Bühne, und bekam eine Urkunde und einen wirklich edlen Kugelschreiber. Aber dann wurde es aus meiner Sicht absonderlich, wenn nicht zu sagen es wurde typisch amerikanisch, denn der Verkaufsleiter verkündete mit aggressivem Ton, dass alle die an diesem Tag nicht auf die Bühne gerufen worden, an sich zu arbeiten haben, und sich doch mal Gedanken darübermachen sollen, was sie ändern müssen. Viele brauchten gar nicht lange nachzudenken, denn sie waren bei der nächsten großen Feier einfach nicht mehr dabei. Peng, das hatte gesessen. Ich fand solche Methoden nicht unbedingt geeignet um Menschen zu motivieren, aber im Direktvertrieb generell allgemein üblich. Insgesamt ging diese Veranstaltung über zwei Tage. Es gab gutes Essen und die Zimmer waren auch in Ordnung. Freitag ging es wieder nach Hause. Solch eine Veranstaltung gab es mindestens einmal im Jahr, darüber hinaus, haben wir uns einmal im Monat getroffen um unsere Umsatzzahlen auszuwerten. Und selbst da, immer vor der gesamten Mannschaft.

Ein anderes Mal, war ich mit meinem direkt für mich zuständigen Verkaufsleiter unterwegs. Er war ein herzensguter Mensch, der so glaube ich, zu gut zu uns war. Wenn unsere Zahlen stimmten, hatten wir eigentlich Narrenfreiheit. Er sagte mir mal, warum soll ich Druck aufbauen, wenn die Jungs ihre Zahlen bringen. Es gab aber auch andere Verkaufsleiter, die haben sich hinter irgendwelchen Büschen versteckt, um zu sehen wann wir Außendienstler morgens losgefahren sind, um dann bei schlechten Umsatzzahlen sagen zu können, dass wir uns besser strukturieren müssen. Mein Gebietsleiter war nicht so. Er war quasi der Unteroffizier, er musste unser Gemecker anhören und musste den künstlich erzeugten Stress von uns fernhalten. Das sollte er natürlich nicht, denn die Umsatzzahlen, selbst wenn sie bei über 100 Prozent lagen, sollten noch weiter erhöht werden. Man verlangte Härte uns gegenüber. Wir fuhren an diesem Tag nach Gnoien und wollten eigentlich auch nach Teterow. Dazu sollte es nicht kommen, denn er bekam, neben mir sitzend einen Anruf vom Verkaufsleiter Gesamt-Deutschland. Es ging, wie soll es auch anders sein, um Umsatzzahlen. Ich weiß nicht warum er sein Handy auf laut stellte, aber ich konnte alles mithören und ich glaube auch, er ahnte was passieren würde. Mein Gebietsleiter hatte auch an diesem Tag Geburtstag, was sein großer Chef vergessen hatte, denn ich hab nichts von einer Gratulation gehört. Er drohte ihm sogar mit Entlassung, und ließ keine Verteidigung zu. Ich hörte nur noch wie mein GL zu ihm sagte, „na dann kündigen sie mich doch." Sein Verkaufsleiter sagte dann zu ihm „ok, sie wollen es ja nicht anders, sie fahren bitte sofort nach Hause und stellen ihren BMW ab und warten auf Anweisungen." Was er dann zu ihm sagte konnte ich nicht mehr hören, denn mein GL stieg aus dem Auto aus und brauchte nach dem Gespräch mindestens eine viertel Stunde um sich zu beruhigen. Eiskalt war diese Art von Außendienst, es geht nicht mehr um den Menschen, es geht nur noch um Gewinnmaximierung.

Das Direktmarketing ist auf Verschleiß ausgelegt, fällt einer aus, wird er sofort ersetzt. Mein Gebietsleiter wurde tatsächlich gekündigt. Er fand aber sofort Anschluss bei einer großen Heizungsfirma. Er betreute in Schwerin die Kunden im Innendienst. Übrigens wurde der Verkaufsleiter für Gesamt Deutschland ein halbes Jahr später selbst entlassen.

Eine weitere kleine Geschichte aus dieser Zeit, erlebte ich mit Ole Larsson, der im Herbst 1996 zur WERNER GmbH kam. Ole war auch ein Quereinsteiger. Er war bis zur Wende bei der Hochseefischerei und hat auf allen Weltmeeren gute Fische für den Westen geangelt und den Rest mit zurück in die DDR gebracht, die dann zu leckerem Scombermix verarbeitet wurden. Nach erfolgreicher Umschulung zum Außenhandelskaufmann wurde er jetzt Schraubenverkäufer.

Wir hatten mal wieder ein Meeting in Berlin, und haben uns zusammen auf den Weg gemacht. Es war Anfang 1997, der Wetterbericht meldete Glatteis. Auf der A19 in Höhe Malchow lagen mehrere Autos rechts von uns auf dem Feld. Ihre Besitzer bzw. Fahrer saßen auf ihren verschrotteten Autos, und warteten auf den Abschleppdienst. Ich bin an diesem Tag gefahren und mir wurde ganz komisch. War es noch glatt, oder nicht, ich versuchte jedenfalls nicht zu Bremsen. Wir haben es durch die langsame Fahrt geschafft, aber ich weiß bis heute nicht warum wir Glück hatten und uns nichts passiert war.

Wir hatten den ganzen Tag Schulung. Thema war Telefonmarketing. Man wollte zusätzlichen Umsatz generieren in dem unsere Kunden angerufen werden sollten. Ihnen sollten zusätzliche Produkte verkauft werden. Produktketten und Suggestiv-Fragen waren die Worte des Zaubers, der uns helfen sollte. Nach dem wir alles begriffen hatten durften wir gegen 18:00 Uhr wieder nach Hause fahren.

Ich erzählte Ole, das wir noch tanken müssen. Ole sah auf den Benzinanzeiger und beruhigte mich und sagte ganz lässig. „Das schaffen wir bis nach Hause." Wir fuhren weiter und je näher wir Rostock kamen umso unruhiger wurde ich. Jetzt kam auf der A19 die letzte Tankstelle kurz vor Güstrow-Süd. Ich sah auf die Anzeige und sagte zu Ole, jetzt fahr ich runter und tanke, er grinste nur und meinte, dass er sich da auskennen würde, und beruhigte mich wieder, in dem er wiederholte, das wir das schaffen. Wir waren gerade an der Tankstelle vorbei, da machte es „BLING" und die Tachoanzeige meldete, das nur noch wenig Diesel im Tank ist. Ich habe jetzt beim Schreiben ausgerechnet, das wir ab dem „BLING" noch 48,8 Km bis zur nächsten Tankstelle zu fahren hatten. Ich glaube jetzt wurde auch Ole unruhig, denn er sagte, ich soll nicht so schnell fahren, und beruhigte mich damit, dass er wisse, dass man nachdem „BLING" noch über 50 Km fahren kann. Wir fuhren also weiter in Richtung Rostock. Höhe Rostock Süd ging mein Opel das erste Mal aus. Ole sagte dann, wir müssen jetzt eine Minute warten, dann läuft der Diesel wieder zurück. Wir starteten den Opel neu, er sprang an, wir fuhren ca. 700 Meter, da ging er wieder aus. Wir blieben nicht sofort stehen, wir ließen den Opel

ausrollen. Das gleiche Spiel begann. Wir starteten den Opel erneut, und schafften es bis auf die Brücke unserer Abfahrt A19-Rostock-Ost. Wir ließen den Opel wieder ausrollen. Wir sahen schon die Elf-Tankstelle in der Rövershäger -
Chaussee. Ein letztes mal sprang er noch mal an, der gute Opel. Wir hatten gerade Fahrt auf genommen, als er wieder ausging. Der Schwung reichte aber, das wir bis vor die Zapfsäule rollten. Wir sind zwar quer über die Fahrbahn, und dann, wie die Geisterfahrer in die Tankstelle rein, aber das war uns in dem Moment egal. Ole wurde dann aber trotzdem ein guter Freund. Die Freundschaft hält bis heute.

Eine andere Geschichte soll zeigen wie beliebt wir Außendienstler waren. Eines Tages, es war ein Mittwoch, ich bin die Tour Tessin, Gnoien, und Teterow gefahren und mein erster Kunde war ein Bauunternehmen in Tessin. Ich bin rein in die Firma, habe mich bei der Chefsekretärin angemeldet und durfte gleich rein zum Geschäftsführer, der auch für den Einkauf zuständig war. Er hatte sonst immer kleine

Diamantscheiben gekauft und nun wollte ich schauen ob schon wieder, welche nachbestellt werden können. Ich klopfte, machte die Tür auf und blieb erst einmal an der Tür stehen. Er schien etwas zu schreiben, und es hatte den Anschein, er hatte mich nicht bemerkt bzw. gehört. Ich räusperte mich. Er schaute, halb auf dem Tisch liegend, durch seine Lesebrille nach oben. Er muß mich dann erkannt haben, denn er sagte: „Oh der Naumann schon wieder, sie waren doch erst da, was wollen sie denn schon wieder hier. „ich sagte zu ihm: „Ich war genau vor 3 Wochen hier, und warum ich hier bin, also wenn ich ehrlich bin, wollte ich was verkaufen. Stille war im Raum, bis nach ca. einer Minute, er anfing, alles was auf seinem Schreibtisch lose herumlag, nach mir zu werfen. Bleistifte,

Kugelschreiben, ein Flaschenöffner, ein Zollstock usw. kamen in meine Richtung geflogen. Dabei schrie er: So eine scheiß neue Welt, alle wollen an mir verdienen, keiner bezahlt unsere Rechnungen, sehen sie zu das sie Land gewinnen." Land hatte ich nicht gewonnen, aber ich wusste das ehrlich sein, nicht immer von Vorteil ist. Ich bin dann nach drei Wochen wieder zu ihm gefahren, wollte ihm ein Bleistift-Baustellenset von Berner schenken, stand aber vor verschlossener Tür, und ein älterer Mann der vorbeikam, erzählte, „da ist keiner mehr, die haben Insolvenz angemeldet".

Dann gibt es eine äußerst delikate Geschichte zu erzählen.

Es war an einem Freitagvormittag, den Umsatz hatte ich schon drinnen, wie man sagte, da bin ich zu einem Zimmerei-Betrieb gefahren, den ich vorher noch nicht besucht hatte. Ich habe mein Koffer genommen und bin los. Ich habe geklingelt und eine Dame öffnete mir die Tür. Ich stellte mich vor, übergab gleich mal meine Visitenkarte und sagte zu der Dame, die nicht unattraktiv war,

„Das ist aber schön, dass ich die Chefin selbst erreiche." Sie sagte dann gleich, dass sie das nicht wäre, aber holte mich dann von der Straße und brachte mich zu ihrem Mann, den sie als den wirklichen Chef vorstellte. In dem Moment stockte mir der Atem. Der Chef nahm meine Visitenkarte, lehnte sich ganz lässig in seinem Chefsessel nach hinten und sagte zu mir: „Aha, sie sind also der Herr Naumann, ihren Namen kenn ich nicht, aber sie kommen mir so bekannt vor, woher kann ich sie kennen? Junger Mann." Ich wusste es ganz genau, nur konnte ich es in dem Moment nicht sagen, weil seine Frau mit im Büro saß. Ich zeigte unser Programm und anschließend suchte er einen Grund um mich persönlich nach draußen zu begleiten. Er wollte mir in der Werkstatt noch etwas zeigen.

Er zeigte mir wirklich eine Flex mit einer 230ér Diamant scheibe und sagte dann noch einmal: „Sie kommen mir wirklich sehr bekannt vor". darauf sagte ich: „Ich bin der Taxifahrer, der sie und ihren Kumpel, einmal im Monat in den Puff nach Warnemünde gefahren hat und auch immer wieder abgeholt hat." „Sie können doch schweigen?" fragte er und sagte weiter: „Na, dann schreiben sie mal vier Diamantscheiben für die Flex auf", die er in Wirklichkeit nicht brauchte, denn ich habe noch welche von unserem ärgsten Mitbewerber im Regal liegen sehen. Wir verabschiedeten uns und er wurde ein guter Kunde von WERNER.

Wie ich schon geschrieben habe, wurde mein Chef entlassen, und wir bekamen einen neuen, der war aus Berlin, war unsympathisch und Karriere-geil. Er wollte sich auf unsere Kosten nach oben schleimen. Er übte Druck aus, was ich ja gar nicht leiden konnte und das, obwohl ich die Umsatzvorgaben erfüllt hatte. Schlimmer wurde es mit dem Druck, als ich beispielsweise mit schwerem Meniskusschaden krankgeschrieben war, auch operiert wurde, und ich mich danach erholen sollte. Er hatte nichts Besseres zu tun, als mich anzurufen und zu verlangen, dass ich von zu Haus meine Kunden anrufen soll. Das hätte ich sowieso gemacht, aber es zu verlangen, nur das am Monatsende seine Zahlen stimmen und er gut dasteht, fand ich ganz schön dreist. Insgesamt war 1999 ein sehr unruhiges Jahr bei WERNER. Die Verkaufsleiter wechselten sehr oft. Man spürte die Unruhe, und viele meiner Kollegen suchten sich was Neues. Einige wurden auch entlassen. Ich bekam es mit der Angst zu tun und warf meine Job Angel wieder aus. Es wurde auch zunehmend schwerer zu verkaufen. Anfangs hatten wir beispielsweise noch die Möglichkeit, kostenlose Zugaben zu gewähren. Was zum Schluss sehr eingeschränkt wurde. Wenn exemplarisch dafür ein Kunde sagte, er braucht 4 Diamantscheiben, dann haben wir gesagt, wenn du 8 Diamantscheiben nimmst, geben wir dir einen Akkuschrauber, als kostenlose Zugabe dazu. Den Schrauber haben wir dann zu uns nach Hause schicken lassen und ihn dann dem Einkäufer übergeben. Wichtig für den Einkäufer war, der Schrauber durfte nicht auf dem Lieferschein der Diamantscheiben auftauchen.

Ende 2000 war Schluss damit. Jetzt musste man für Geschenke über 45 € ein so genannter Geldwerten-Vorteil gezahlt werden. Und da spielten die Einkäufer nicht mehr mit.

Insgesamt gesehen ist die WERNER GmbH aber ein toller Arbeitgeber gewesen. Ich hatte mir ein tolles Verkaufsgebiet aufgebaut, mit damals noch vielen Tiefbau und Straßenbaubetrieben, die sich nach der Wende, vor allem im Raum Güstrow niedergelassen hatten. In diesen Firmen konnte ich den Großteil meines Umsatzes generieren. Diamantscheiben gingen immer. Wie schon geschrieben, haben viele Mitarbeiter, in dieser Zeit, die Firma WERNER verlassen, und ehe ich gekündigt werde, habe ich lieber gekündigt, denn ich hatte meine Angel ausgeworfen und bei der Fa. MUTH angeheuert. Übrigens stellte sich heraus, der anfangs so gelobte Astra war ein Montagsauto. Ich habe ihn bei meiner Kündigung, mit 120.000Km und mit dem dritten Motor zurückgegeben, weil mir in der gesamten Zeit zweimal der Zahnriemen gerissen war. Ich musste um mein Fahrzeug zurück zugeben, noch einmal in das Schwabenland zurück. Ich war aber nicht nur unten, um das Autoabzugeben, es mussten auch meine ganzen Kataloge, Musterstücke, wie Bohrkronen, Bohrer und Elektrowerkzeuge, abgegeben werden. Nach dem ich mich verabschiedet hatte, bin ich dann mit dem Taxi zum Bahnhof gefahren und mit dem Zug nach Hause gereist.

Die Firma MUTH, war so was wie ein Auffangbecken für ehemalige

WERNER Mitarbeiter. Dort habe ich mich beworben und bekam ab Januar 2001 einen Arbeitsvertrag. Die Konditionen waren nicht ganz so gut, aber wichtig für mich war nicht nur das Geld, das Betriebsklima war auch wichtig. Wir verkauften bei der Firma MUTH ähnliche Produkte wie bei WERNER, nur nicht ganz so umfangreich viele. Dadurch habe ich das gleiche Verkaufsgebiet bekommen, und konnte die gleichen Kunden besuchen. Ein Auto bekam ich auch, ich fuhr ab Januar einen Golf3 Variant in Azurblau.

Insgesamt waren zu meiner Zeit fünf von sechs Verkäufern, ehemalige WERNER Leute. Das Klima war gut, wir haben uns alle gut verstanden, nur die Bezahlung, die hätte höher ausfallen können. Ich hatte nun einen hellblauen VW

Golf 3 Kombi unter meinem Hintern und besuchte nun meine alten WERNER Kunden. Das gestaltete sich am Anfang sehr schwierig, denn die Kunden waren die Produktvielfalt und den Rundum-Service von WERNER gewohnt. MUTH konnte das zu dieser Zeit noch nicht bieten. Aber der Dampfer kam langsam in Fahrt. Ich arbeitete mich ein und nach einer Weile lief es ganz gut, nur eben die Bezahlung, die kam nicht in Schwung. Aber ich musste jetzt bleiben, meine Frau wollte Stabilität, und wollte Sicherheit. Das ging nur, wenn ich auch mal länger bei einer Firma bleibe. Da half jetzt auch nicht mehr die Ausrede, ich wäre ein reisender und getriebener, wie mal meine Oma über mich feststellte. Ich hatte trotzdem immer noch das Gefühl, auf der Suche zu sein, ohne zu wissen was ich suchte. Glück vielleicht, oder Erfolg. Letzteres habe ich lernen müssen, findet man nur durch Arbeit. Eigentlich hätte ich ja zufrieden sein müssen. Ich war Angestellter in einer gesunden Firma, fuhr einen Dienstwagen mit privater Nutzung, ich hätte bis auf das empfangene Geld, zufrieden sein müssen. War ich aber nicht. Lag es wirklich daran, ein Reisender und Getriebener zu sein. Wenn ich so zurückschaue, kann das durchaus stimmen, denn ich habe bis zu diesem Zeitpunkt ganz schön oft den Arbeitgeber gewechselt und hätte vielleicht einen längeren Atem haben müssen. Oder einfach mehr Geduld aufbringen sollen, denn manchmal ändern sich die Zeiten auch zu seinen Gunsten und vor allem auch von alleine.

Es schien so, als würde ich alle drei Jahre eine neue Herausforderung suchen. Ich machte das nicht bewusst, es hat sich einfach ergeben. Mein Vater hat bei jedem Wechsel nur den Kopf geschüttelt aber was war eigentlich so falsch daran. Ich habe ja immer versucht für Inge und mich das Beste herauszuholen. Leider musste ich auch feststellen, dass hier im Osten, also in den neuen Ländern, damals viel schlechtere Löhne gezahlt wurden.

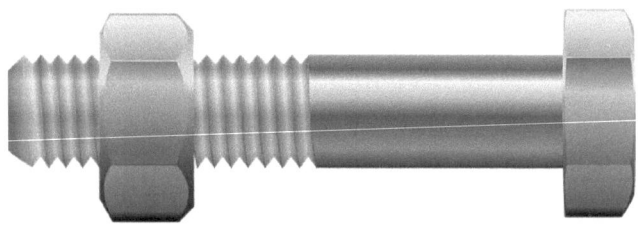

So war es auch bei dem nächsten Unternehmen, wo ich angeheuert hab. Luchs + Kiesel war ein Großhandel für DIN Normteile aus dem Nord-Westen in Niedersachsen. Was sind DIN und Normteile? >>wikipedia>>

Ein Normteil ist ein Bauteil der Technik, des Bauwesens, der Elektrik, oder des Maschinenbaus, das in allen Einzelheiten in einer Norm festgelegt und beschrieben ist. Sie werden durch Normausschüsse so festgelegt, dass sie allgemein verwendbar und untereinander austauschbar sind. Diese Teile nennt man oft auch Normalien. Normteile werden meist nicht selbst hergestellt, sondern von speziellen Herstellern käuflich erworben. Norm- und Zukaufteile werden meist in Katalogen oder Verzeichnissen verwaltet.

Typische Normteile sind:

• Schrauben, Muttern, Unterlegscheiben, Bolzen und Splinte

• Federn, Buchsen, Nippel, Dichtungen

<<wikipedia<<

Wir hatten solch einen Katalog und belieferten unter anderem auch die Fa. MUTH, meinen letzten Arbeitgeber. In der Zeitung hatte ich gelesen, sie würden einen Außendienstverkäufer suchen. Ich habe mich beworben, und auf Grund meiner früheren Tätigkeit bei WERNER, wurde ich eingestellt.

Mir hat man beim Einstellungsgespräch sehr viel erzählt und allerhand versprochen, von dem letztendlich nichts eingehalten wurde.

Ich bin am ersten Tag angereist, sollte erst mal im Innendienst sehen wie die Logistik funktioniert, wie Aufträge geschrieben auszusehen haben und wie Angebote kalkuliert werden. Das war auch alles wichtig und war ok. Was nicht da war, war mein

Dienstwagen, er war noch an einen anderen Mitarbeiter gebunden, der wiederum auf seinen neuen abgewirtschafteten Wagen aus dem Verkaufsgebiet West wartete. Grundsätzlich gab es in dieser Firma, für die Mitarbeiter in den neuen Bundesländern, keine neuen Kfz für den Außendienst. Wir durften die ausgedienten Wagen vom Verkaufsgebiet West übernehmen. Ich bekam dann schließlich den Opel Astra der zweiten Generation, und mein Kollege einen Ford Mondeo, der sich vom Motor her nicht mehr gut anhörte, von einem Kollegen aus Niedersachsen. Jetzt war ich sogar froh, den metallic grünen Astra Kombi bekommen zu haben. Und mein Kollege freute sich, weil er jetzt ein größeres Auto fuhr. Was er nicht wusste, dass er mit seiner Kiste mehr in der Werkstatt war als beim Kunden um zu verkaufen. Mir teilte man auch ein schlechtes Verkaufsgebiet zu, ich durfte nur Kleine Kunden betreuen, während mein Chef die großen Kunden selbst besuchte. Es gab also von Anfang an keine Chance richtig erfolgreich zu sein. Sehr motivierend waren auch die Erkenntnisse über unsere Kollegen aus den alten Bundesländern, als wir erfahren haben, sie würden fast das Doppelte verdienen wie wir. In Erfahrung brachten wir dies, als sich bei einer gesamtdeutschen Tagung, abends beim Bier zwei Kollegen aus dem Verkaufsgebiet West verraten haben. Wir haben dort auch erfahren, dass mit Werbemittel bei uns im Osten auch sehr gegeizt wurde. Während die Kollegen aus dem Verkaufsgebiet West auch mal eine Flasche guten Whisky zum Kunden bringen durften, waren wir froh einen Zollstock überreichen zu können. Beispielsweise wurde ich mal angezählt, ich würde mein Auto zu viel waschen, gleichzeitig ist ein Kollege aus dem Westen jeden Freitag, mit seinem Dienstwagen in sein Ferienhaus nach Frankreich gefahren.

Wir hatten auch einen richtig guten Chef, der eigentlich für uns in Meck-Pomm zuständig war, aber lieber nach oben schleimte und uns eher schlecht redete statt sich mal vor uns zu stellen und die Missstände anzusprechen. Aber da stand ihm wahrscheinlich seine anerzogene Loyalität durch seinen früheren uniformierten Arbeitgeber im Weg.

Ich habe trotzdem mein Bestes gegeben und bin meinem Chef lieber aus dem Weg gegangen. Ich war irgendwann an dem Punkt angekommen, dass ich erkannt habe, diese Verbindung ist zum Scheitern verurteilt. Mein Chef arbeitete systematisch auf meine Kündigung hin, die als Konsequenz der gegenseitigen Abneigung Ende 2003 auch ausgesprochen wurde. Nun stand ich da, musste mir eingestehen, selbst Fehler gemacht zu haben und vor allem mindestens einmal zu viel gewechselt zu haben. Was ich nicht wusste, dass es noch schlimmer kommen sollte. Ich wurde zwar gleich aufgefangen, aber das war nur für kurze Zeit, denn diese Firma, die in Parchim ansässig war, hat mich total verschaukelt.

Diese Firma handelte mit allem was man auf Baustellen, in Büros und in der herstellenden Industrie brauchte. Meine Frau brachte mich am ersten Arbeitstag hin und fuhr wieder nach Hause. Mein Chef, das heißt einer von den Beiden Chefs, begrüßte mich und fragte mich wo ich mein Auto geparkt hätte. Ich erzählte ihm, das wäre mit meiner Frau wieder nach Hause gefahren. Abgesprochen war, ich bekomme wie bei meinem letzten Arbeitgeber einen Dienstwagen. Was aber der eine Chef nicht so sah. Daraufhin bekam ich nach einem heftigen Streit der Beiden einen Golf3, der völlig durchgerostet, dreckig und mit ohne jeglichem Komfort ausgestattet war. Man kennt ja die Bezeichnung EU-Fahrzeug. Wenn man dies als Beispiel nehmen wollte, dann war das ein Indien-Fahrzeug. Das war aber nicht das schlimmste. Es gab keine Kundenliste, kein für mich ausgewähltes Kundengebiet. Ich sollte überall dazwischenfunken und den Bereich DIN-Normteile ankurbeln. Die beiden anderen Außendienstler sahen in mir natürlich eine Bedrohung und versuchten logischer Weise gar nicht erst mit mir zusammenzuarbeiten. Die Krönung war, ich sollte doch tatsächlich den Katalog von Luchs und Kiesel zum Verkaufen nutzen. Wir haben nach vier Wochen in beiderseitigem Einvernehmen den Vertrag beendet und ich habe mich in die lange Schlange der Arbeitssuchenden eingereiht.

Nun war ich total am Boden, Selbstmitleid half nicht. Das ich selber mit Schuld an der bescheidenen Situation war, wusste ich, was ich aber nicht wusste, es sollte genau 12 Monate dauern, bis ich wieder optimistisch war. Es waren harte zwölf Monate.

Im Oktober 2005, ich hatte gerade mal wieder fünf Bewerbungen geschrieben, eingetütet und versandfertig gemacht, als ich noch einmal die Rostocker Ostseezeitung durchgeblättert hab. Ich weiß gar nicht mehr warum, vielleicht hatte ich noch einen Umschlag übrig oder eine Briefmarke lag noch auf dem Tisch, na jedenfalls sah ich noch die eine letzte Stellenanzeige, die eigentlich für mich nicht in Frage kam. Gesucht wurde ein Vertriebsmitarbeiter für ein Natursteinunternehmen. Ein weiterer Grund für meine Bewerbung könnte auch gewesen sein, sie würden auch Quereinsteiger suchen. Ich dachte damals, es würde sowieso nichts werden, aber für die Arge brauchte ich ja auch immer was zum Vorweisen, also schickte ich diese

Bewerbung ab. Ich weiß nicht wieviel Bewerbungen ich geschrieben habe, aber sie füllten schon einige Ordner.

So langsam kam ich auch in eine depressive Phase, denn in meinem Kopf spukte schon die Hartz4 Hexe. Ende Oktober lag ein großer DIN A4 Umschlag in unserem Briefkasten. Ich glaubte an eine Absage oder das ich irgendwelche Bewerbungsunterlagen, die vor ewigen Zeiten mal geschrieben wurden, jetzt zurückbekommen würde. Aber es war eine Einladung zu einem Bewerbungsgespräch nach Hannover. Die Personalberatung „von Seidel" aus Hannover hatte eingeladen und suchte für seinen Klienten aus der Natursteinindustrie einen quer einsteigenden Vertriebsmitarbeiter. Damit hatte ich nicht gerechnet, denn das war ja die letzte

Bewerbung wo ich mir die wenigste Hoffnung machte. Eine Woche später saß ich im ICE nach Hannover um Herrn von Seidel zu treffen. Er holte mich am Bahnhof ab und wir fuhren ein Stück mit seinem Auto. Er wohnte in derselben Straße wie Kanzler Schröder, der hinter seinen hohen Hecken aber nicht zu sehen war. Er erzählte mir von seiner Tätigkeit nach der Wende, wo er für einige große Handelsketten, die Führungskräfte rekrutiert hatte. Wir unterhielten uns fast zwei Stunden. Er erzählte mir auch ein wenig von seinem Auftraggeber, und machte mir sogar Hoffnung, aber er könne noch nichts Genaues sagen, denn er müsse noch Rücksprache mit dem Natursteinunternehmen halten. Er würde mich aber empfehlen, sagte er zu mir.

Zwei Wochen später hatte ich wieder eine Einladung im Briefkasten. Dieses mal vom Natursteinwerk Jakob Liefers GmbH & Co KG aus dem Harz. Zum zweiten Treffen, fuhr ich mit dem Auto. Herr von Seidel und Herr und Frau Miloba empfingen mich herzlich. Sie kamen schnell zum Wesentlichen. Herr Miloba konnte sich vorstellen mit mir zusammen zu arbeiten, wenn ich denn mit den Konditionen einverstanden wäre. Bei den Konditionen hat es mich fast aus dem Sessel gehoben. Die Konditionen waren ein üppiges Gehalt, von dem ich bis dahin geträumt hatte, viel mehr Urlaub als ich bis dahin kannte, und einen Firmenwagen im Wert von ca. 35.000 €. Einen kleinen Haken hatte die ganze Geschichte aber. Herr Miloba, der übrigens der Schwiegersohn vom

Firmengründer Franz Liefers war, verlangte einen Wohnortwechsel innerhalb eines Jahres, in die Nähe der Liefers GmbH. Ich solle jetzt nicht gleich zusagen, sondern zu Hause erst mal alles mit meiner Frau besprechen, sagte Herr von Seidel. Wenn es nach mir gegangen wäre, ich hätte sofort zugesagt. Aber meine Frau sollte mitentscheiden. Für sie war es eine schwere Entscheidung, denn sie musste ihre gesamte Familie in Rostock zurücklassen. Letztendlich habe ich Unterschrieben und habe am 1. Januar 2005 begonnen zu arbeiten. Umgezogen sind wir im Oktober 2005.

Die Jacob Liefers GmbH war Produzent von Grabanlagen, also von Grabsteinen, Einfassungen und Abdeckplatten. Kunden waren die vielen Steinmetz und Bildhauerbetriebe. Mein Verkaufsgebiet waren die Bundesländer, Mecklenburg Vorpommern, Brandenburg, Berlin und Sachsen Anhalt.

Wie aber allgemein üblich habe ich erst einmal den Betrieb kennen lernen müssen, bevor ich auf die

Kunden losgelassen wurde. Da ich der klassische Quereinsteiger war, musste ich alles von der Pike auf lernen. Materialkunde, Kalkulation, Bearbeitungstechniken usw. Am Wochenende bin ich nach Hause gefahren. Mein Dienstwagen war auch hier noch nicht da, hatte aber andere Ursachen als damals bei Luchs & Kiesel. Mein Vorgänger stand kurz vor der Rente, und bis ich das Gebiet übernommen habe, war er noch unterwegs. Am Freitag bin ich dann entweder mit dem Volvo V60 vom Chef, oder mit dem Opel Zafira von der Chefin nach Hause gefahren. Ab 1 März 2005 habe ich den VW Passat 1,9 Turbo-Diesel übernommen um dann allein im Gebiet unterwegs zu sein. Ich schwebte wieder mal auf Wolke sieben. Für mich waren die Steinmetze und Bildhauer eine ganz neue Klientel. Ich fand ganz schnell den Draht zu ihnen und es machte bald richtigen Spaß mit Ihnen zusammen zu arbeiten. Wenn da nicht die dunklen Wolken am Mitbewerberhimmel gewesen wären. Wir waren ein sehr altes, und in Deutschland produzierendes Unternehmen, mit den passenden hohen Preisen. Zunehmend importierten unsere Mitbewerber fertige Grabsteine, Urnenanlagen und Einfassungen aus Indien oder China. Anfangs konnten wir mit kurzen Produktions- und Lieferzeiten punkten, weil die Importanlagen mit unter, 14 Wochen auf den Weltmeeren unterwegs waren. Aber Deutschland das Billigland verlangte zusehends mehr preiswerte Importprodukte.

Mittlerweile waren Firmen auf dem Markt, die nur noch importierten.

Die Entwicklung der Stein-Szene ging eindeutig in Richtung Import. Solche schönen Engel wie hier auf dem Foto wurden auch noch Produziert, aber leider immer seltener. Überhaupt veränderte sich zu meiner Zeit die ganze Bestattungskultur. Wurden früher in den katholisch geprägten Gebieten, so gut wie keine Urnen beigesetzt, so war das Verhältnis, in der Zeit meines Quereinstieges schon 50% Urnenbestattung zu 50% Sargbestattung. Und die Prognosen waren noch schlimmer. Wir die Jacob Liefers GmbH hatten eindeutig die Entwicklung verschlafen und die Neuausrichtung des Unternehmens kam viel zu spät, denn die Produktionen in China und Indien mussten erst aufgebaut werden. Qualitätsstandards waren in diesen Ländern nicht einfach so gegeben, sie mussten erst erarbeitet werden. Es begann ein langsames Sterben in Raten.

Wir gaben trotzdem unser Bestes, kämpften für die Firma und verbreiteten draußen vor Ort bei den Kunden gute Laune. Ich habe die Schwierigkeiten die mein Arbeitgeber hatte, ganz einfach verdrängt. Das Geld war noch regelmäßig auf dem Konto, also habe ich verkauft als wenn nichts wäre. Einige Kunden fragte auch, ob irgendetwas wäre, weil sie durch den Buschfunk, so merkwürdige Gerüchte hören würden. Ich habe versucht mich daran nicht zu beteiligen, was aber auch nur bis zu einem bestimmten Punkt ging. Irgendwann, war die Zeit gekommen, da blieben die Grabsteine in der Werkhalle einfach stehen, weil der selbstständige LKW-Fahrer, der nur für Jacob Liefers fuhr schon seit Wochen kein Geld mehr gesehen hat. Einmal stand er in Brandenburg, hat in der Firma angerufen und erklärt, dass er erst weiter fährt, wenn Tankgeld auf seinem Konto eingegangen ist.

Bevor aber gestorben wurde, durfte ich noch ein klein wenig miterleben, wie der Weg zum

Schafott Spaß machen kann. Ich wurde eingearbeitet von Horst. Horst war jetzt fünfundsechzig und er war der Bruder der Seniorchefin. Ich hatte immer den Eindruck, er fühlt sich wie ein König ohne Krone. Frau Liefers, die Seniorchefin war die Witwe des Firmengründers Jacob Liefers. Sie war zu meiner Zeit kaum noch im Betrieb anzutreffen, aber wenn sie mal da war, dann zollte man ihr Respekt. Ihr Bruder, der gelernter Bäcker war, und auf Grund einer Mehl- bzw. Stauballergie, diesen Beruf nicht mehr ausüben konnte, wurde von seiner Schwester in die Firma geholt. Er wurde Verkäufer im Außendienst. Stand aber immer im Schatten von seiner starken Schwester und dem Firmengründer Jacob Liefers. Als der Firmengründer verstarb, erhoffte sich Horst einen kleinen

Karrieresprung. Seine Schwester aber setzte ihre Tochter und den dazugehörigen Schwiegersohn an die Firmenspitze. Dunkle Wolken zogen auf am Firmenhimmel.

Bevor Horst aber in Rente gehen durfte, musste er noch seine Kunden an mich übergeben. Zu diesem Zweck sind wir drei Wochen zusammen im Außendienst unterwegs gewesen. Wir waren ein sehr ungleiches Paar. Er war ein gelernter Nachkriegskapitalist mit einer Aura von Adenauer, der heute noch allen langhaarigen die Köpfe rasieren würde und dann gab es noch mich, der sozialistisch erzogene Wendehals. So hat er mich mal betitelt. Horst war nicht groß, nein er war eher klein, und er hoffte immer einer der großen zu sein. Dieser Text von Mike Krüger viel mir gerade beim Schreiben ein, denn Karl war wirklich nicht groß.

Ich war gerade mal 1,7 Meter hoch, aber er musste noch zu mir raufschauen. Als er mir während unserer gemeinsamen Zeit mal erzählte, er wollte eigentlich Offizier werden, man ihn aber auf Grund seiner geringen Größe nicht genommen hat, musste ich ihm leider bestätigen, dass ich mir das gut vorstellen kann. Er schaute mich ungläubig an und wusste nicht, was er von meiner Aussage halten sollte. Er war immer korrekt gekleidet. Sakko, Anzughose, Hemd und Krawatte waren Pflicht, und sein kurzer abgehackter Befehlston erinnerte immer an seinen früheren Berufswunsch. Aber auch kleine Wunschsoldaten werden mal müde, denn jeden Mittag durfte ich ein Waldstück suchen, damit er sein Nickerchen machen konnte. Sein wahrer Charakter wurde deutlich, als wir in Frankfurt an der Oder Halt machten und er im strömenden Regen zu Fuß die Oderbrücke nach Polen überquerte um billige Zigaretten zu kaufen. Als er pitschnass zurückkam fragte ich ihn warum wir bei dem Sau-Wetter nicht gefahren sind. „Ich habe keine Lust, mir das Auto von den Kommunisten da drüben klauen zu lassen", war seine Antwort. Mir rutschte ein leises „Du spinnst doch" raus, worauf er sagte „Du bist doch auch einer von denen." Es waren mit meine schönsten drei Wochen im Außendienst die ich in all den Jahren erleben durfte. Es war real erlebtes Kabarett. Karl war bei meinen Kunden schnell vergessen, denn jetzt wehte frischer Wind, der mit Jeans und T-Shirt daherkam.

Im Oktober sind wir von Rostock nach Wernigerode in Sachsen

Anhalt umgezogen. So wie es in meinem gut dotierten Anstellungsvertrag stand. Da ich fast die ganze Zeit im Außendienst unterwegs war, musste meine Frau sich hauptsächlich um den Umzug kümmern. Die Kosten des Umzuges wurden geteilt. Die Hauptlast ging an Liefers und an die Arge und den Rest übernahmen wir.

Wernigerode sollte nun für die nächsten Jahre unser zu Hause werden. Heimat will ich nicht sagen, denn das ist immer die Ostseeküste geblieben. Meine Frau hat von Anfang an gesagt, sie würde am liebsten sofort zurückziehen. Mir als Reisender und Getriebener war es eigentlich relativ egal, ich fand mich überall zurecht. Ich bin dann vom Harz aus in mein gebiet gefahren. Montags ging die Tour los und Donnerstag kam ich zurück. Freitags hatten wir einen sogenannten Bürotag. Jeder Außendienstler hatte einen Schreibtisch, wo wir dann unsere Kundenaufträge in den PC hacken konnten.

Die Wohnung in die wir gezogen sind, gehörte einem Mitarbeiter von Liefers. Sie war 90m² groß und vom Grundriss gut geschnitten. Und die 31 Km bis zur Firma in den West-Harz waren dank der neuen 6N auch kein Problem. Ich der rastlos getriebene, hatte wie schon gesagt kein Problem, wenn da nicht die fehlenden Freunde gewesen wären.

Wichtig für alle Freunde des Außendienstes ist sicherlich die Tatsache, das wir keine Provision bekamen. Wir hatten von Anfang an ein außertariflich hohes Festgehalt. Was in der Branche zwar noch üblich war, aber allgemein, nicht mehr so verbreitet war.

Wir lebten zwei Jahre in Wernigerode, als ich gesundheitliche Probleme bekam. Das muss 2008 gewesen sein. Ich fühlte mich immer schlapp und Müde und hatte null Antrieb. Manchmal wenn ich morgens losgefahren bin, musste ich nach einer Stunde Fahrtzeit die erste Pause machen, weil mir die Augen zufielen. Ich spürte auch immer so eine ewige innere Unruhe, als wenn ein kleiner Motor summt, den man im Bauch vergessen hat. Das Ergebnis war, nach einer umfangreichen Untersuchung: Zu hoher Blutdruck und Diabetes2.

Im Jahre 2009 wurde es kritisch für die Firma Erich Liefers. Es flatterten über unser Fax immer mehr Mahnungen ein, als ich Tanken wollte waren unsere Tankkarten nicht mehr gedeckt, und die Stimmung wurde immer schlechter. Dann ereilte uns folgende Nachricht:

Mit Beschluss vom 16. November 2009 hat das Amtsgericht Goslar die vorläufige Insolvenzverwaltung über das Vermögen der Liefers Naturstein GmbH, Bad Harzburg, angeordnet.

Diese Nachricht war wie ein Alarmzeichen für mich. Instinktiv habe ich meinen ehemaligen Kollegen, der schon zu einer anderen Firma gegangen war,

angerufen und gefragt ob sein
Arbeitgeber noch
Vertriebsmitarbeiter sucht.

Jetzt ging alles sehr schnell, denn
Mitte November hatte ich einen
Termin, beim Geschäftsführer der
Max Lieb Naturstein GmbH. Wir
wurden uns sehr schnell einig, die
Konditionen stimmten, also habe
ich unterschrieben. Ich konnte
sogar in Wernigerode wohnen
bleiben. Am 15 Januar habe ich
dann meine Arbeit bei Max Lieb
begonnen. Max Lieb hatte seinen
Sitz bei Fulda in Osthessen.

Die Max Lieb Naturstein GmbH war
der Mercedes unter den
Grabdenkmal Produzenten in
Deutschland. Qualität und Preise
waren dementsprechend hoch.
Max Lieb hatte damals eine riesige
Grabdenkmalausstellung. Auf
10.000 m² wurden über 5.000

Grabmale präsentiert. Zusätzlich gab es eine große Felsen-Ausstellung. Lieb konnte auch mit dem größten Rohblocklager und mit der größten Materialauswahl Punkten und damit Kunden sowie Mitbewerber stark beeindrucken.

Ich fuhr wieder einen VW Passat und bereiste in meiner Zeit unterschiedlichste Gebiete. Ich verkaufte in: Mecklenburg-Vorpommern, Brandenburg, Berlin, große Teile Hessens, Teile von Bayern, Baden-Württemberg, Rheinland-Pfalz, Nordrheinwestfalen, im Emsland, Friesland, Hamburg und Schleswig-Holstein. Wenn mich damals einer fragte, wo es am schönsten war, habe ich geantwortet, in Friesland mit angrenzendem Emsland war es am schönsten.

Am Tag meiner Vorstellung bei der Firma Max Lieb, hatte ich das Gefühl, getestet worden zu sein. Nach dem das Gespräch beendet war, die Konditionen klar waren, wollte Franz Lieb (Der Chef) mit mir einen Rundgang über das Firmengelände machen. Ich habe an einen gemütlichen Rundgang bzw. Spaziergang gedacht, aber dem war nicht so. Er marschierte vorn weg, zeigte mir in einem Wahnsinns Tempo das Rohblocklager, anschließend die 10.000m² Ausstellung und zum Schluss die Produktion mit ihren einzelnen Abteilungen. Ich glaube, er wollte auf Grund meiner Körperfülle einfach meine Kondition testen. Ich habe ihn nie wieder so schnell laufen sehen, wie mit mir beim Vorstellungsgespräch. Ich konnte übrigens mithalten, aber noch schneller hätte er nicht sein dürfen.

Auch bei Franz Lieb wurde ich gut eingearbeitet, lernte auch wieder das kalkulieren und Angebote schreiben. Ich merkte sehr schnell, hier bei Franz Lieb wurde professioneller gearbeitet. Thomas, der sonst für das rechnen zuständig war, hatte sehr viel Geduld mit mir, und hat auch erst grünes Licht an die Geschäftsleitung gegeben, als ich wirklich fit war und auf die Kunden losgelassen werden konnte. Die Firma hat mir sogar eine kleine Wohnung zur Verfügung gestellt. Unten im Dorf, stand eines seiner Mietshäuser wo ich nun erst einmal in der Woche wohnen konnte. Die Wohnung hatte ein Bad mit Dusche und WC, eine Küche mit Einbauküche, Couch und Flat-TV und ein Wohnzimmer mit breitem Bett, kleiner Couch, einem Tisch, zwei Stühle und noch einem großen Flach-TV. Das Beste daran war, sie kostete nichts. Der Chef war der Meinung, es wäre für ihn billiger, als für mich ein Hotelzimmer zu bezahlen. Aber! Nebenan in der gegenüberliegenden Wohnung wohnte Luise. Sie war die graue Eminenz, sie war die Haushälterin der Familie Lieb. Sie wusste wann ich gekommen bin, wann ich gegangen bin, also Heimlichkeiten wurden somit ausgeschlossen. Luise war schon weit über 70, aber war noch jeden Tag voll im Einsatz. Wenn Messe war, egal ob Hausmesse, oder bei der internationalen Natursteinmesse in Nürnberg, fuhr sie zur Höchstleistung auf. Sie backte beispielsweise Unmengen an Kuchen und Torten, die zur Freude dann an unsere Kunden verteilt wurden. Es soll Kunden gegeben haben, die nur wegen ihrem Quarkkuchen zur Hausmesse gekommen sind.

Alle zwei Jahre gab es in Nürnberg die Stone+tec. Sie ist die wichtigste Natursteinmesse für Deutschland, Schweiz, Österreich, sowie deren angrenzenden Staaten. Durch den Austausch mit Kollegen und Experten aus der gesamten Natursteinbranche bietet die Stone+tec ein einzigartiges Wissensspektrum an.

Immer wenn in Nürnberg Messe war, begannen schon ein halbes Jahr vorher die Vorbereitungen. Wir haben jedes Mal eine neue Kollektion von Grabsteinen auf den Markt gebracht. Weit vor Messebeginn, wurde ein Prototyp in Deutschland gefertigt. Wenn er gefallen hat, wurde dann das Original nach China oder Indien transportiert, um als Vorlage für die Produktion zu dienen. MAX Lieb hatte aber auch viele Denkmale im Angebot, die nur in Deutschland gefertigt wurden. Oft waren die Materialien oder die handwerklichen Ornamente in China und Indien nicht verfügbar. Kundenspezifische Sonderanfertigungen wurden fast alle in Großenlüder bei Max Lieb gefertigt. Vorwiegend ging es dabei um Sonderanfertigungen bestimmter Ornamentiken die im Allgemeinen nicht Ortsüblich, und im Handel mit China nicht verfügbar waren. Beispielsweise waren das, Fußbälle, Autos, Motorräder, Masken von Verstorbenen, Tiere und natürlich Engel.

Auch für uns Verkäufer bedeuteten die Messen immer zusätzlichen Stress. Ich bekam schon immer etliche Wochen vorher Schweißausbrüche, nur wenn der Name Messe fiel.

Wir wohnten während der Nürnberg-Messe ziemlich weit außerhalb von der Stadt Nürnberg, in einem kleinen Dorf. Das einzige was dieses Dorf zu bieten hatte, war ein Gasthof, der komplett von uns gemietet wurde. Hier war unsere Home-Base. Morgens wurde gemeinsam gefrühstückt, und abends haben wir bei einigen Bieren den Tag ausklingen lassen. Übrigens gab es in diesem Gasthof ein ähnlich gutes Cordon Blue wie in Ungarn am Donauknie. Bevor bei mir die Nachtruhe begann, musste ich aber noch was für meine Füße tun, denn die mussten bei jeder Messe leiden. Hätten sie reden können, hätten sie jeden Abend geschrien. Ich habe, trotz Bier, Schnaps und Cordon Blue, bei jeder Messe, in vier Tagen, drei Kilo abgenommen. Meine Frau war dann immer geneigt zu sagen: „Die Messe tut dir richtig gut „

Anfangs habe ich das Gebiet Hessen, und angrenzende Teile der benachbarten Bundesländer betreut. Hier war ich immer vier Wochen und bin dann jede fünfte Woche in mein altes Gebiet gereist. Vier Wochen West und eine Woche Ost. Die Woche Ost war eine schöne und wichtige Woche, denn da habe ich oft meine Schwiegereltern in Rostock besucht. Da ich auch im östlichen Brandenburg Kunden zu betreuen hatte, habe ich natürlich die Chance genutzt um in Polen billige Zigaretten zu kaufen. Ich wollte ja eigentlich nicht mehr nach Polen fahren, aber ich konnte auf Grund der neuen Gesetzgebung, mittlerweile 4 Stangen pro Kopf kaufen, und da viel es mir leicht zu vergeben.

2010 begannen meine Schlafstörungen, ganz langsam hatten sie sich eingeschlichen. Die Müdigkeit überkam mich dann unterwegs im Außendienst. Immer öfter stand jetzt mein Auto im Wald, wo ich meinen Schlaf nachholen musste. Auch hatte ich immer wieder das Summen im Bauch und in den Beinen. Das tat nicht weh, aber es war ein lästiges

Gefühl. Zusätzlich bemerkte ich beim Fahren von langen Strecken, mein linkes Bein wollte immer zucken. Zwar noch wenig, aber es war zu spüren. Ich redete mir ein, die ganzen Symptome würden vom Stress kommen.

Künstlicher Stress wurde tatsächlich erzeugt, als Franz Lieb eine Unternehmensberatung ins Haus geholt hat. Der gute Herr, war ein Freund des Hauses, der von der Natursteinbranche keine Ahnung hatte. Er reiste mit uns mit und hat seine Vorstellungen vom Verkauf, vor unseren Kunden präsentiert. Wir Außendienstler hatten hinterher alle Hände voll zu tun um die Wogen beim Kunden wieder zu glätten.

In dieser Zeit drehte man an der Kundenspirale. Gebiete wurden verschoben, man testete, ob durch

Umstrukturierungen mehr Umsatz generiert werden konnte.

In diese Zeit viel auch ein außergewöhnliches Grabmal.

Eines Tages kam eine Frau zu uns in die Firma, brachte ein Foto mit und sagte. Aus diesem Granit, der hier zu sehen ist, möchte ich ein Grabmal bestellen. Es war ein leuchtend hellblauer Granit aus Brasilien. Sie erzählte weiter, ihre einzige Tochter wäre an einer mysteriösen Krankheit verstorben ist. Die Tochter sollte das Fahrgeschäft, der zwischen Fulda und Frankfurt/M. ansässigen Schaustellerfamilie übernehmen. Da Geld jetzt nicht mehr wichtig wäre, wollten sie ihr erspartes in die Grabanlage stecken. Es wurde eine 4x3 Meter große Grabanlage aus dem blauen Granit. Die Anlage durchzog ein Flusslauf, der mit weißem Glasbruch aufgefüllt wurde. Hinten in der Mitte war ein Sockel platziert, auf dem ein lebensgroßer Bronze-Engel montiert wurde. Die Frau kam mindestens jeden zweiten Tag um die Produktion mit zu verfolgen. Die Grabanlage, war mit Abstand die teuerste und größte Gesamtanlage die ich jäh verkauft hatte. Diese Anlage hatte ungefähr einen Wert von einem hochwertigen Mittelklasse PKW.

2011 wurden meine Schlafstörungen immer schlimmer, und meine linke Hand hatte jetzt leichte motorische Störungen. Dazu gesellten sich jetzt heftige Nackenschmerzen. Die motorischen Störungen konnte man mittlerweile sehen, denn rhythmische Bewegungen im Takt waren nicht mehr möglich. Die linke Hand machte was sie wollte.

Ich schob immer noch alles auf den Stress. Ich musste auch immer öfter Pause machen, und an manchen Tagen stand ich sogar mehr im Wald, als ich unterwegs zum Kunden war. Ich versuchte telefonisch den verlorenen Umsatz wieder reinzuholen, welcher durch nicht besuchen der Kunden verloren ging, was Zwischenzeitlich sogar funktionierte, aber irgendwann ging auch das nicht mehr.

Mittlerweile befinden wir uns im Jahr 2012, ich ging noch meiner Arbeit nach, aber merkte immer mehr, dass ich den Anforderungen meines Arbeitgebers nicht mehr genügte. Ich schlief sehr wenig, manche Nächte gar nicht, demzufolge war ich am Tag oft müde und saß nicht beim Kunden am Tisch, sondern stand im Wald um meinen Schlaf nach zu holen.

Ich hatte es nicht auf der Stirn stehen, aber jeder konnte sehen, mit mir stimmt etwas nicht. Auch waren mittlerweile die Umsatzzahlen rückläufig. Ich erzählte ihnen dann irgendwelche Märchen von eingeklemmten Rückennerven und andere ähnliche Geschichten. In dieser Zeit begann auch meine rechte Hand zu zittern. Nun glaubte ich selbst schon nicht mehr an den auslösenden Stress. Bei der Hausmesse meines Arbeitgebers, die im November 2012 stattfand, war ich mental und geistig schon gar nicht mehr richtig anwesend. Ich wurde dann auch in ein Gebiet versetzt, wo jeder merkte, das ist jetzt der Anfang vom Ende in diesem Unternehmen. Irgendwie war mir das aber alles egal, denn meine Gedanken kreisten nur noch um meinen körperlichen Zustand.

Ab Anfang Dezember 2012 hatte ich Urlaub. Ich beschloss dann auch Anfang Dezember zu meiner Hausärztin zu gehen. Diese stellte umgehend einen Überweisungsschein für einen Besuch beim Neurologen aus. Jetzt ging alles ganz schnell. Anfang Dezember war ich dann erstmals bei einem niedergelassenen Neurologen in Goslar, der einige Bewegungsübungen mit mir machte, mich etliche male an sich vorbeilaufen ließ und mir dann ganz kurz und nüchtern erklärte, „Es tut mir leid Herr Naumann, aber sie haben Parkinson".

Kurz nach Weihnachten, flatterte dann auch die Kündigung meines Arbeitgebers ins Haus, was mich aber nun auch nicht mehr schockte.

Das war nun das Ende von 16 Jahre Außendienst. Die Zeit endete tragisch, was aber nicht am Außendienst gelegen hat, denn ich hätte durchaus weiter erfolgreich sein können, wenn nicht der Herr Parkinson dazwischengekommen wäre. Im Prinzip habe ich alle Stationen vom Außendienst abgearbeitet. Ich habe klassisch angefangen, mit dem Versicherungsverkauf, um anschließend in den extrem harten und erklärungsbedürftigen Direktvertrieb zu wechseln. Bis ich zum Schluss da gelandet bin, wo viele hinwollen. Mit Festgehalt und dickem Dienstwagen, bei freier Zeiteinteilung, Kunden zu besuchen. Mir haben die 16 Jahre unheimlich viel gegeben. Ich habe unheimlich viele nette und freundliche Menschen kennengelernt und glaube, heute eine gute Menschenkenntnis zu besitzen. Heute bleiben mir die Erinnerungen an eine tolle Zeit.